AF296431

SOUVENIRS

DE LA MORT DE

M. RIOUST DE LARGENTAYE

Député des Côtes-du-Nord

Décédé le 18 Décembre 1883

ET DE CELLE DE

SA MÈRE, NÉE CAROLINE DU BREIL DE PONTBRIAND

Lettre adressée

A Mme ÉLIZE DU PARC-MICHAU

NANTES

VINCENT FOREST & ÉMILE GRIMAUD

IMPRIMEURS-ÉDITEURS

PLACE DU COMMERCE, 4

—

1884

M. RIOUST DE LARGENTAYE

ET

Mme CAROLINE DU BREIL DE PONTBRIAND

SOUVENIRS

DE LA MORT DE

M. RIOUST DE LARGENTAYE

Député des Côtes-du-Nord

Décédé le 18 Décembre 1883

ET DE CELLE DE

SA MÈRE, NÉE CAROLINE DU BREIL DE PONTBRIAND

———

Lettre adressée

A Mme ÉLIZE DU PARC-MICHAU

NANTES

VINCENT FOREST & ÉMILE GRIMAUD

IMPRIMEURS-ÉDITEURS

PLACE DU COMMERCE, 4

—

1884

A MADAME ÉLISE DU PARC-MICHAU

Château de Marzan, 10 janvier 1884.

Bonne et chère Madame,

Au retour du triste voyage des Côtes-du-Nord, j'ai lu, avec l'émotion de la reconnaissance, votre pieuse et sympathique lettre du 26 décembre, que l'on croirait écrite au sortir de votre première visite à l'Enfant-Dieu, né de la veille. Comme j'ai bien reconnu là *notre Madame Elize !* Son journal lui apprend par hasard, et entre deux nouvelles, qu'un ami souffre à distance, et la voici accourue sur l'heure, comme à l'un des siens, avec les paroles du soulagement et de la consolation dont un long usage de la croix lui a révélé le secret. Je ne puis vous dire combien je fus touché de ce fraternel empressement qui, pourtant, ne me surprenait point de la part d'une amie plus éprouvée encore que nous et, dès lors, aussi riche de miel pour la souffrance que pourrait l'être une fleur nourrie par la rosée des larmes.

C'est vous dire que votre inspiration ne vous a pas trompée, bonne Madame; c'était bien une douleur que vous aviez pressentie. Car le brusque malheur du 18 décembre[1] m'atteignit moi-même en plein cœur, dans mes plus chères, dans mes plus vieilles affections. Notre Marie-Ange était, en effet, pour moi beaucoup moins un neveu qu'un frère puîné de quelques années, avec lequel j'avais été élevé sous les yeux d'une sœur aînée que, moi aussi, je pus nommer plus tard ma seconde mère.

Un passage de votre lettre me rappelle que vous l'aviez rencontrée plus d'une fois au temps de ma pauvre femme qu'elle rejoignit si vite au ciel[2]. et que, dès lors, vous n'avez pu manquer de connaître, j'allais dire d'aimer celle qui était devenue la meilleure amie de la vôtre, en devenant sa sœur par alliance. Eh bien ! vous aviez par là même connu son fils que nous pleurons.

Il lui ressemblait tellement par l'expression du visage, le tour de l'esprit, l'âme généreuse et dévouée, la bonté attractive et cordiale, que sa mère ne nous manque en réalité qu'à partir d'aujourd'hui, puisque voilà son portrait et sa plus parfaite image à jamais disparus après elle.

Que ne puis-je, Madame, partager la pieuse illusion qui vous fait dire que notre famille est *sainte* et que les *survivants* ont la *presque certitude* de revoir au ciel ceux qui partirent avant eux ! Ce n'est — croyez-le — qu'une simple espérance, fondée aussi en ce qui concerne le parent cher qui vient de nous être enlevé.

L'instruction très variée qu'il avait acquise, tant par l'étude que par de nombreux et fructueux voyages dans presque toutes les contrées de l'Europe, n'avait point fait tort à ses convictions religieuses, entretenues par une pratique suffisante, et réveillées, de temps à autre, par des malheurs qu'on serait tenté d'appeler d'un autre nom, quand ils servent à ranimer la foi qui en fait des remèdes.

1. La mort de M. Marie-Ange Rioust de Largentaye, décédé à Saint-Brieuc, le 18 décembre dernier.
2. Le 27 août 1869, sept mois et demi après la mort de Mme de Marzan, sa belle-sœur, décédée le 12 janvier de la même année.

A ce point de vue, ce fut pour lui un remède, quoique bien amer, que la mort prématurée de son frère puîné, Frédéric, jeune homme arrivé à la perfection dès l'âge de vingt-cinq ans, et qui devait être le premier habitant de la délicieuse, presque *Sainte Chapelle* de Largentaye, aujourd'hui plus peuplée que le château. Notre jeune défunt de ce temps-là reçut les premières larmes de notre cher défunt d'aujourd'hui, les larmes de David coulant sur le cercueil de Jonathas.

A vingt-neuf ans de distance, ce douloureux épisode s'était reproduit pour M. de Largentaye, et d'une manière plus sensible encore, par la fin tragique de Gaston, son second fils, jeune officier de valeur et d'avenir, épris d'un seul amour, celui de son pays et des armes, et foudroyé pour ainsi dire à Lunéville, en 1879, en revenant d'une fête militaire dont il fut la victime, après en avoir été le héros. Ce fut dans le mois de mars, comme la première fois, que le cœur du père fut ainsi déchiré après celui du frère [1]. La présence du saint Maître est-elle jamais plus sensible qu'à l'heure où il se fait reconnaître de nous par le signe de son choix, — la *fraction du pain* de la douleur ? Notre ami l'accepta d'un cœur simple, en adorant la main divine, et je le vois encore agenouillé le soir dans la chapelle dédiée par son père à Notre-Dame des Pleurs, et récitant le chapelet de l'*Archiconfrérie du Suffrage,* de compte à demi avec la pieuse compagne de sa vie qui priait avec plus de confiance pour son enfant bien-aimé, en se sentant assistée par la voix émue de son époux dont elle avait elle-même connu les premières larmes, quand elle pleura, comme lui, son unique frère, tombé, de la chute des braves, sur le champ de bataille du Mans [2].

1. Le mois de mars est également celui où, antérieurement, il avait vu mourir son père et le père de sa mère, de qui il tenait le prénom de *Marie-Ange.*
2. M. Auguste du Clézieux.

Le chant du *Stabat* fortifie le cœur des pères comme celui des mères. Car le sacrifice de nous-même doit nous devenir plus facile après celui des êtres que nous avons le plus aimés, et ce fut peut-être à la sérénité d'âme avec laquelle il supporta cette grande et décisive épreuve, que notre ami dut les grâces signalées qui consolèrent sa dernière heure.

Quoique rien ne l'annonçât encore, du moins comme prochaine, on ne laissait pas de redouter pour lui cette heure terrible, même pour les saints. Car, bien que personne ne pût douter de la sincérité de ses sentiments et de ses croyances, peut-être avait-on pu se demander quelquefois si l'honnête homme ne dominait pas en lui le chrétien, et si l'héritage de la bienfaisance, qu'il tenait de son père, n'eût pas gagné à devenir l'éminente charité de sa mère.

Et puis les dons de l'intelligence et la délicatesse de cœur qui le distinguaient éminemment, n'avaient pu lui faire connaître le trésor des joies élevées et pures, sans devenir aussi des sources de souffrances qui devaient doubler pour lui les angoisses ordinaires du dernier jour et de la séparation.

C'est ainsi que, sans viser à la supériorité et en cherchant plutôt à s'effacer lui-même au profit d'autrui, il ne laissait pas d'avoir au fond de l'âme une vive et légitime conscience de ses mérites personnels et de la valeur de ses actes, ce qui lui permettait plus qu'à tout autre, de jouir intérieurement et du bien qu'il faisait, à l'exemple de ceux dont il continuait les traditions comme un culte de famille, et des services de tous les jours qu'il rendait au pays dont il était l'homme et l'élu, presque la personnification [1].

---

1. M. de Largentaye était du petit nombre des députés, s'il y en a, qui ne firent jamais une démarche personnelle pour obtenir l'honneur d'être élus. Ce fut sa région elle-même qui vint à lui, comme au plus

Sous le rapport des qualités du cœur, il était doué de l'exquise sensibilité, j'allais dire de la tendresse d'une femme.

Avec de telles dispositions, comment ne pas craindre pour lui la crise suprême des déchirements et des regrets, quand il faudrait abandonner tous ceux qu'il consolait ou faisait vivre, voir finir, avant l'heure, cette patriotique, presque religieuse mission du conseiller général et du député, qui fut l'honneur de son existence, et rompre du même coup tant de liens sacrés et doux qui en furent le charme intime ?

On conçoit en effet que, malgré l'absence de l'être cher qui manquait aujourd'hui à son foyer, la vie eût encore des attaches bien puissantes pour l'époux d'une femme parfaite, pour le père de deux fils dont il était justement fier et d'une fille qui n'avait point cessé d'être sa joie, depuis qu'elle occupait dans le monde une très haute situation.

Et puis les positions élevées, de même que la richesse, ne causent-elles pas des éblouissements, dont l'homme le plus sûr de lui-même ne saurait toujours se défendre ? Dès lors, pour mourir détaché de tout et *pauvre de gré*, comme disait Lacordaire, quelle lutte notre ami n'aurait-il pas à soutenir, lui qui voyait approcher l'heure où de nouveaux millions ajouteraient de l'importance à sa fortune de la terre, déjà considérable ?

Eh bien, voici ce qui se passa :

Du 15 au 17 décembre, une amélioration sensible s'était produite dans l'état du malade. — Tous se réjouissaient.

---

digne, et qui lui resta fidèle jusqu'au dernier jour. Ne devrais-je pas ajouter et *au delà*, après l'hommage posthume que la seconde circonscription de l'arrondissement de Dinan vient de rendre à la mémoire de son cher député, qui va continuer de le représenter à la Chambre, dans la personne de son fils aîné, Frédéric, honoré du mandat de plus de *dix mille cinq cents* électeurs, sur moins de 11,000 suffrages exprimés ?

— Lui seul paraissait triste, comme nous le sommes quelquefois en ouvrant les yeux au sortir d'un rêve qui nous a charmés.

Aux amis qui le félicitaient de ce mieux inespéré et lui annonçaient son prochain rétablissement, il répondait avec l'accent de la conviction :

« Ce serait un malheur ; — je me sens l'âme si à l'aise !
« Qui me dit que plus tard je serais aussi bien préparé ?
« Les promesses de Jésus et de sa mère valent mieux que
« celles du monde qui ne tient pas toutes les siennes ; —
« je ne désire plus guérir — mais renaître. » — Le 18 décembre il fut exaucé.

C'est par de telles paroles que le cher mourant consolait d'avance tous les amis qui lui donnent aujourd'hui les larmes de l'affection avec la prière de l'espérance [1].

Une résignation si parfaite trahissait pour nous tous la présence d'une grâce spéciale et inattendue. — D'où venait-elle ? — De Dieu sans doute. — Mais par l'intermédiaire de qui ? — C'est une question à laquelle je me garderais de toucher, si je ne causais en ce moment avec la plus pieuse et la plus fidèle des amies de ma pauvre Anna, dont voici, le 12 de ce mois, le quinzième anniversaire. A ce titre, j'ose vous confier ma pensée intime sur le point dont il s'agit et vous livrer le fait suivant, en n'y ajoutant que les commentaires indispensables.

II

Quatorze jours après l'événement, le 1er janvier, mon frère, qui se posait aussi la même question, avec l'espérance d'y pouvoir répondre plus tard dans le sens de son

---

1. Rapprochons du *novissima verba* de notre pauvre ami, ce que disait autrefois, à pareil moment, Frédéric, son jeune et regretté frère :
« Dieu seul connaît ce que je souffre en voyant pleurer à cause de moi

désir, me proposa une promenade à l'une de ses fermes, voisine de son château de la Brousse-Briantais, et exploitée par les époux Le Moyne, anciennement fermiers de la famille de Largentaye.

J'y remarquai tout d'abord une paysanne d'environ vingt ans, de figure agréable et fraîche, ouvrant au jour de beaux yeux fendus en amande et d'une limpidité parfaite, et fille unique de ses parents qui semblaient se mirer en elle et la contemplaient d'un regard de tendresse mêlée d'admiration.

Après échange de quelques paroles :

— Reconnaissez-vous la figure que voilà ? dit la mère de cette jeune fille, en nous montrant une photographie de ma sœur aînée, suspendue au-dessus du bénitier de son lit.

— Vous avez donc, répondis-je, de la fidélité et du respect pour la personne dont vous possédez le portrait, quoiqu'elle habite la chapelle de Largentaye depuis plus de quatorze ans déjà?

Ce furent les trois bouches qui firent ensemble une même réponse. — Nous, oublier la bonne maîtresse, celle qui fut notre mère pendant sa vie, et qui est devenue notre patronne depuis sa mort ! — Mais que voulez-vous dire ? repris-je, en feignant une ignorance absolue.

— Vous ne savez donc pas, répliqua la mère, avec une émotion croissante, qu'à l'âge de cinq à six ans, notre Marie-Joseph, que voilà, fut *privée de la vue,* bien qu'elle ait aujourd'hui des yeux meilleurs que tous les nôtres ensemble. Durant bien des mois, votre charitable sœur la soigna de sa main sous la direction des médecins du

« mon père *, ma mère et tant de chers amis. Et pourtant le plus grand
« sacrifice qu'il me demande, c'est de me rappeler à lui, avant de m'avoir
« employé pour la gloire de son Église. »

* Les larmes de ce père brisé ne l'empêchèrent pas de se rendre à *l'Assemblée,* ce même jour-là, pour y faire acte de foi en votant la célèbre loi DU 15 MARS 1850.

pays. — Ils ne guérirent point ma chère aveugle dont l'état ne fit qu'empirer et qui devint malade de *partout*.

Plus tard, la chère sainte dame, qui alors ne quittait déjà plus son lit, fit examiner notre petite par je ne sais combien de savants docteurs convoqués pour la consulter elle-même. Il y en avait de Dinan, de Lamballe, de Saint-Brieuc et jusque de Vire, en Normandie [1]. Tous dirent que les yeux de la pauvrette ne lui serviraient plus jamais à rien, et qu'il ne restait d'autre espoir que de parvenir, avec le temps, à soulager les douleurs de la patiente qui, sans avoir encore rien à expier, souffrait et languissait déjà comme une âme du purgatoire.

J'allai dire ma peine à ma pauvre maîtresse qui, elle aussi abandonnée par les médecins et ne pouvant plus rien pour elle-même, avait encore des paroles d'ange pour me ranimer.

« Écoute, » me dit-elle un soir, — « puisque c'est la « volonté divine, je ne me lèverai plus pour aller soigner « ta petite aveugle, mais je te promets une chose, c'est « que si j'ai quelque jour un peu de crédit auprès de Dieu, « *tu le sauras.* »

Dix jours après, nous étions au 29 août, surlendemain du décès de la compatissante et sainte dame qui reposait, depuis la veille, à côté de notre défunt maître son époux, et de leur jeune fils M. Frédéric, dans la chapelle qu'ils avaient construite à l'orient du château et dédiée à la Mère des *Sept Douleurs*. Nous y avions déjà passé bien des heures, tantôt à prier pour elle, tantôt à implorer son secours avec autant de confiance que nous le faisions de

---

1. Je me rappelle parfaitement, en effet, que dans la première quinzaine d'août 1869, on voulut bien, sur ma demande, appeler auprès de Mme de Largentaye, ma sœur, le jeune et habile docteur Pelvet, de Vire, qui avait droit à notre reconnaissance en raison des soins affectueux qu'il avait donnés, peu de mois auparavant, à ma pauvre Anna, sa première malade.

son vivant, et je sentais l'espoir naître et grandir en moi, à mesure que j'invoquais notre nouvelle sainte.

C'était donc la matinée du 29 août, jour de dimanche. Mon homme était parti pour la grand'messe avec le reste de nos gens. Pour moi, j'étais demeurée au logis, seule et navrée auprès de la pauvre enfant qui avait toujours sa connaissance, mais dont les forces avaient tellement diminué qu'elle pouvait à peine ouvrir la bouche pour avaler quelques cuillerées de bouillie. Je la vois encore assise dans sa petite chaise, les yeux gonflés et fermés, la bouche et la gorge embarrassées, et ne s'exprimant plus que par un petit cri plaintif qui me déchirait. — Je me dis : C'est sûr ; voilà le soupir de la mort qui s'annonce ! — Les sanglots me suffoquèrent et je tombai dans l'accablement.

J'en fus retirée, quelque temps après, par les accords, presque joyeux, de nos trois cloches paroissiales qui se mirent à sonner *les élévations de la messe,* mais avec des tintements si doux que je crus entendre chanter la bonne maîtresse à qui nous les devions, ainsi que notre belle église. — Mais rien autour de moi que l'immobilité et le silence. Je me taisais moi-même, sans oser encore tourner les yeux du côté de ma petite infirme qui avait cessé de se plaindre et dont je n'entendais plus que la respiration. — Était-ce le sommeil ? — Était-ce la mort ?

Au même instant, me voici tremblante et hors de moi. Je suis comme éblouie par une apparition. Que vois-je ?... Petite Marie-Joseph elle-même debout et souriante, ouvrant sur moi ses beaux yeux bleus, qui m'éclairaient comme deux lumières, et me disant avec une voix qui me rendait la vie : « Maman, je n'ai plus mal ; *je vois mes mains* « *qui sont blanches;* j'accours te le dire... embrasse- « moi ! »

Éperdue de bonheur, je tombe à genoux et saisis mon chapelet, sans bien savoir ce que je faisais ou disais. J'en étais peut-être à la troisième dizaine, lorsque le père entra, revenu de la grand'messe.

« Papa, petit papa, cria Marie ; je *vois mes mains* qui « *sont blanches*, je vois les grains du chapelet de maman « qui sont bleus ; viens le dire avec nous ! »

Ce fut la prière du transport après toutes celles de la douleur, et, tous ensemble, nous suppliâmes la puissante défunte de la porter elle-même à la Reine du Ciel qui venait d'exaucer sa première demande.

Il fallut bientôt cesser de prier pour faire place à la foule des voisins et connaissances qui accouraient de tous côtés à notre Marie, comme à une merveille. Chacun tient à se faire reconnaître par elle et lui présente quelque objet, plus ou moins visible, que l'heureuse clairvoyante nomme parfaitement à distance.

Survient notre jeune ami, Jean-Marie Rabin, aujourd'hui prêtre et vicaire de Moncontour. Après s'être assis un instant sur le banc disposé pour nos veillées d'hiver :

— Marie-Joseph, veux-tu me dire si j'ai perdu quelque chose ?

— L'enfant court toute fière vers le foyer et y ramasse une *épingle* qu'elle attache d'une main sûre à la piécette de son tablier.

La preuve était faite pour nous ; dès le soir elle le fut pour tout le monde, et pas un de nos voisins ne douta plus de notre bonheur quand ils virent petite Marie nous accompagner aux vêpres, en toilette du dimanche, et cheminer devant nous, seule et heureuse, de manière à prouver à tous qu'elle n'avait plus besoin ni de la main, ni des yeux de sa mère pour se conduire. C'est elle qui maintenant m'aurait prêté les siens qu'elle ouvrait au grand jour du midi sans plus d'éblouissement qu'en regardant une étoile. De tous ses maux de la veille et du matin même, elle n'avait plus que le souvenir ; en revoyant le jour, elle s'était sentie bien portante de partout, et ceux qui voyaient passer notre Marie-Joseph, ainsi transfigurée et souriante, se signaient comme à l'aspect d'une vision et s'écriaient émerveillés: C'est bien elle ; — est-ce possible? Bonne sainte Vierge, quel miracle !

Le lendemain elle était debout et prête avant nous pour la messe d'actions de grâces où l'on vit notre petite ressuscitée prier, les mains jointes, avec tant de recueillement et de ferveur que M. le Recteur, s'il en avait eu le pouvoir, aurait volontiers comblé ses vœux, en avançant l'heure de sa première communion.

Je ne saurais oublier non plus que, la veille, pendant la grand'messe aussi, à l'instant même où Marie-Joseph fut guérie d'une manière si étonnante, Colas, le piqueur de M. de Largentaye, vit son enfant de *trois ans* marcher pour la première fois. Plusieurs autres encore obtinrent des faveurs et des grâces par l'intercession de la bonne défunte. — Depuis ce temps-là, toutes les fois qu'il m'est survenu des peines, toutes les fois que j'ai eu besoin de secours spirituels et même temporels, je n'ai jamais cessé de faire appel à notre protectrice que j'ai trouvée aussi charitable qu'autrefois et qui, depuis sa mort, nous a fait encore plus de bien que de son vivant.

Quand on pense que cela se passait il y a plus de quatorze ans et que jamais, depuis cette époque, notre ancienne petite aveugle n'a éprouvé ni faiblesse de vue, ni maladie quelconque ! Oui, quel miracle que celui qui la guérit de tant de maux en une minute, et qui la conserve, depuis tant d'années, en santé si parfaite ! La bonne dame n'a-t-elle pas bien tenu sa promesse quand elle rendit à sa pauvre petite protégée des yeux meilleurs que ceux qu'elle avait reçus en naissant? Aussi tous les soirs, lorsque je l'embrasse après la prière, je ne me lasse pas de redire la parole de bénédiction tombée sur elle et sur moi des lèvres mourantes de ma chère maîtresse : « Si « jamais, dans l'autre vie, j'ai quelque pouvoir auprès de « Dieu, tu les auras ! »

III

Tel fut le récit de la brave femme, reproduit aussi fidè-
lement que j'ai pu le faire de mémoire. J'ai le regret
toutefois de vous l'envoyer traduit en français pâle à côté
du patois énergique et imagé, de la parole accentuée et
presque éloquente de la narratrice. Mais c'était le fait lui-
même, bien plus que la forme et les détails, qui me préoc-
cupait ainsi que mon frère. Or cette femme en le racon-
tant, avec un peu d'exaltation peut-être, semblait encore
dans l'ivresse de la première heure, ce qui n'était pas sans
affaiblir à nos yeux l'autorité de son témoignage et sans
inspirer quelque défiance au point de vue de l'exacte
vérité.

Pour neutraliser cet inconvénient réel, un contre-poids
se trouva fort heureusement à point. Ce fut le mari, esprit
réservé, positif et tranquille, d'une dévotion moins démons-
trative que celle de sa femme, ayant le regard du paysan
mais non celui du visionnaire, et s'exprimant avec le sang-
froid de la conviction mûrie et arrêtée.

— Il fut plus affirmatif encore.

Restait la miraculée elle-même, — s'il m'est permis de
l'honorer d'un tel nom, — laquelle avait, jusqu'à ce moment,
gardé le silence de la modestie. Elle consentit à le rompre
quand nous lui eûmes fait comprendre que son devoir
était de rendre témoignage à la vérité.

Rien de plus touchant que l'ingénuité avec laquelle elle
nous mit sous les yeux le tableau navrant et sombre des
souffrances de sa sixième année et celui des joies lumi-
neuses qui la suivirent. On eût dit qu'elle racontait une
histoire de la veille, tant il y avait d'assurance dans sa
parole et de précision dans tous les points de son récit.
Si ce langage n'était pas celui de la sincérité, je ne saurais
plus à quel signe le reconnaître.

Je ne m'en tins pas là. Sa relation terminée, je me pris

à l'interroger et à la presser de questions, principalement sur le point capital à mes yeux, celui consistant à savoir si elle avait été *réellement aveugle*.

Sa réponse fut catégorique et invariable, et jamais elle ne perdra le souvenir ni des longs mois de ténèbres dans lesquelles elle passa l'année la plus méritoire de son enfance, ni de l'heure à laquelle elle revit le jour instantanément, le dimanche qui suivit la mort de madame de Largentaye, au moment où les *élévations de la grand'messe* sonnèrent à l'église paroissiale de Saint-Lormel. Ce qu'elle ressentit en reconnaissant tout à coup le beau soleil, peut se traduire ainsi : quelque chose de la joie d'une âme qui aperçoit la lumière des cieux au sortir d'une année de purgatoire.

Je revins en quelque sorte à la charge et questionnai de nouveau la jeune fermière. J'essayai même de lui tendre des pièges, comme aurait pu faire un juge d'instruction. Rien ne la troubla, rien ne parut l'embarrasser ni la gêner. Elle maintint chacune de ses affirmations avec l'assurance et l'inaltérable sérénité de la conscience et de la bonne foi qui me rappelaient les miraculées de Lourdes avec lesquelles j'eus, plus d'une fois, le bonheur de m'entretenir, à quelques pas de la source où elles venaient de prendre le bain de la guérison.

Le nom de *Lourdes*, que je prononçais intérieurement et si naturellement, me fit sentir qu'une jouissance nous manquait en ce moment-là, celle d'entendre l'humble paysanne échanger ses impressions de reconnaissance et de bonheur avec la récente et chère miraculée de notre famille, Julie du Breil de Pontbriand, guérie, elle aussi, de la *cécité*, dans la journée, à jamais mémorable pour nous, du 30 août 1882 [1]. N'eût-ce pas été une bénédiction,

---

1. Elle le fut d'une manière bien plus éclatante, par un prodige accompli sous les yeux de plusieurs centaines de témoins, salué et accepté sur l'heure, et digne de former un *post-scriptum* au livre d'or des *Episodes*

presque un augure de bonheur que de rencontrer ensemble, en ce premier soir de l'année, la merveille acclamée et honorée dès la première heure, et celle, de valeur peut-être égale, qu'il plut à Dieu de laisser ignorée pendant quatorze ans, — que de voir l'heureuse fille du gentilhomme, aujourd'hui soulagé par une grâce égale à ses malheurs, à côté de celle des deux laboureurs croyants et modestes qui se crurent guéris et revenus eux-mêmes à la lumière, le jour où elle fut rendue, avec la plénitude de la santé, à leur unique enfant qui allait mourir ?

L'heure était venue de quitter la ferme et de souhaiter à nos braves gens le bonsoir et la bonne année. Je serrai leurs mains à tous trois, non sans reconnaissance et sans émotion. Ne venaient-ils pas de nous livrer leur plus cher souvenir ? Ne venaient-ils pas de nous raconter le fait le plus mémorable de leur existence à trois, et cela avec l'accent de la conviction qui commençait à me gagner moi-même ? Car la foi qui s'affirme est contagieuse, et la nature humaine, si positive, si réaliste qu'on la suppose, s'éprend, comme à son insu, de l'extraordinaire et de l'incompréhensible, quand ils lui sont présentés sous la seule forme qui leur convienne, celle de la simplicité évangélique.

Une particularité et une réflexion pour finir.

Nous savons tous que Dieu punit les hommes par où ils ont péché. N'aime-t-il pas aussi à les récompenser dans la partie d'eux-mêmes où ils ont souffert ? Or, pendant le récit de la jeune fille, je ne pouvais me défendre d'un souvenir qui, pour moi, ajoutait de l'intérêt à celui de la

miraculeux, dû à la plume du grand missionnaire de Marie, — et miraculé lui-même, — Henri Lasserre. Ce fut par ce nouvel acte de sa miséricordieuse puissance que la Reine du sanctuaire triomphal et de l'humble grotte de Lourdes daigna répondre à la députation que le diocèse de Sainte-Anne, sa mère, lui avait envoyée cette année-là, sous la conduite de son évêque, Mgr Bécel, fils lui-même de l'heureux diocèse dont il devait devenir le père, en devenant son premier pasteur.

guérison même dont elle se disait favorisée. C'est que, depuis longues années, ma pauvre sœur avait elle-même perdu presque entièrement l'usage d'un œil, et l'on devine les privations qui résultèrent pour elle d'une semblable infirmité.

Eh bien, s'il était vrai que, dès le lendemain de sa mort, la chère défunte eût trouvé grâce devant Dieu, serait-il indigne du souverain Maître d'avoir accordé à son élue, comme prémices de ses faveurs, la guérison d'une maladie pareille à celle dont il l'avait affligée sur la terre et d'en avoir fait le signe de son entrée au ciel ?

IV

Vous comprendrez maintenant, chère Madame, que je me sentirais trop heureux de vous avoir donné connaissance d'un fait surnaturel, pour avoir le droit et surtout la prétention de l'affirmer. Je n'ai eu d'autre intention, croyez-le bien, que celle de vous intéresser par un récit attachant et pieux, et nullement de vous présenter la chose à titre de *miracle,* mot réservé exclusivement à l'Eglise et que les chrétiens ne doivent prononcer qu'après elle.

Il est vrai que la relation précédente y fait penser puisqu'elle a pour sujet la guérison instantanée, et, selon moi, non douteuse, d'une cécité au moins temporaire, et accompagnée de complications graves qui menaçaient la vie même de l'enfant. Mais quels étaient la nature et le caractère de la maladie qui occasionnait ces complications ! Fut-elle la cause ou la conséquence de la perte de l'organe visuel ? La privation de la vue provenait-elle d'amaurose, de cataracte ou d'ophtalmie générale ? — Autant de questions auxquelles ni les parents, ni le sujet lui-même, en raison de leur ignorance de la médecine, ne peuvent être en mesure de satisfaire pleinement. Enfin, la *cécité* elle-même était-elle arrivée, comme l'assure la mère, en s'appuyant, dit-elle, de la déclaration des médecins, — à l'état d'incurabilité définitive et sans retour? — Point important que je voudrais voir acquis et avéré de manière à défier toute contestation.

Malheureusement un obstacle insurmontable ne permet plus d'interroger aujourd'hui deux des trois ou quatre médecins qui durent examiner l'enfant, entre autres et surtout le docteur Guillard, l'éminent et presque célèbre oculiste dinannais. Cet empêchement c'est la mort. Celui ou ceux de ses confrères qui survivent, n'ayant point de rapports avec le pays de Plancoët [1] où ils furent appelés de loin et par circonstance exceptionnelle, n'auront sans doute gardé aucune mémoire de la petite malade qu'ils ne virent qu'en passant et par occasion.

Je ne puis donc vous garantir le prodige de la guérison subite d'une aveugle, condamnée, par arrêt de la science, à l'être toujours ; je ne puis et ne veux que vous certifier l'accent de conviction avec lequel il est affirmé par les parents qui en furent les témoins, et le calme persuasif de la foi avec lequel il est raconté par la jeune fille, qui assure devoir la vue et quatorze années de santé prospère à l'accomplissement d'un miracle, qui y croit comme à sa propre vie, et qui, ainsi que sa mère, signerait ses déclarations de son sang.

On ne peut s'empêcher de reconnaître de l'autorité à une attestation formulée de la sorte. Mais s'en suit-il qu'on doive en venir, à l'exemple des trois témoins qui l'énoncent, jusqu'à l'affirmation du miracle ? — C'est une question qu'il ne nous appartient ni de poser, ni de résoudre.

---

1. Chef-lieu du canton où se trouve le château de Largentaye.

Mais en admettant que le récit qui précède ne puisse être accepté comme le procès-verbal d'un *prodige*, on ne saurait du moins lui refuser de la valeur aux yeux de Dieu, plus honoré, peut-être, par la foi simple et résistante des trois narrateurs de la ferme qu'il n'aurait pu l'être par l'éclat d'un miracle certifié. Qui ne comprendrait ensuite que cette relation, si peu attendue, ait pour nous un émouvant intérêt? Ne rend-elle pas le plus spontané, le plus touchant des hommages à la mémoire de la pieuse défunte, dont elle nous a révélé l'une des dernières paroles, qui ressemble à un legs, à une promesse de charité suprême déjà prête à s'exercer à la manière de celle des Anges? Il nous est donc bien permis de voir là un fait consolant, exceptionnel et précieux qui ne mérite ni l'indifférence ni l'oubli, et qui se place de lui-même, comme une gloire presque sainte, au sanctuaire de la famille. Avant de chercher à lui donner une signification plus élevée, il convient d'attendre que les renseignements, qu'on s'occupe de recueillir de la bouche des témoins oculaires de la guérison, permettent d'être plus affirmatifs en ce qui concerne sa portée plutôt que son authenticité qui approche, à mes yeux, de l'évidence.

En tous cas il s'agit là d'une *cause* qui, n'étant point destinée au retentissement de la publicité, doit être *instruite* en famille et dans l'intérieur du foyer. Je ne crois pas en sortir, Madame, en livrant ce récit à votre amitié, toujours avide de faits édifiants. Ce n'est point assurément avec l'idée de lui recommander l'invocation d'une sainte de plus; c'est uniquement dans le désir de partager avec vous les impressions rapportées de ma visite au pieux ménage qui s'honore lui-même en pratiquant, avec tant de fidélité, le culte de la reconnaissance envers l'amie que nous n'avons point cessé de pleurer.

Est-il nécessaire d'ajouter que le souvenir de l'heureuse Marie Le Moyne me suivra désormais et doublera mes émotions lorsque je rentrerai dans la chapelle de Largentaye, pour y prier sur les restes de ma sœur vénérée, que ce ne soient que des dépouilles ou que ce soient des reliques ?

En résumé, si l'histoire de cette jeune fille n'est pas sans mystères, elle ne saurait non plus être sans ombres. Mais elle a aussi des points lumineux qui sollicitent l'adhésion et la foi et auxquels je me sens redevable, en ce qui me concerne, de la double et consolante certitude que voici :

C'est, d'abord, qu'entre les faveurs providentielles dont notre cher défunt du *18 décembre* put être l'objet, l'une des plus précieuses fut assurément la première de toutes, — celle d'être né le fils d'une sainte mère ;

C'est, ensuite, que la main douce et maintenant invisible qui l'assista sur son lit de douleur et de mort, fut bien évidemment la même que celle qui, autrefois, avait protégé son berceau.

Qui nous dit maintenant que ce n'est pas pour honorer la mère qui l'a sauvé, que le fils, en la rejoignant, a fait renaître le souvenir de la petite aveugle qu'elle avait guérie ?

Daignez agréer, chère Madame, les meilleurs hommages de votre respectueux et dévoué

Du Breil de Pontbriand de Marzan

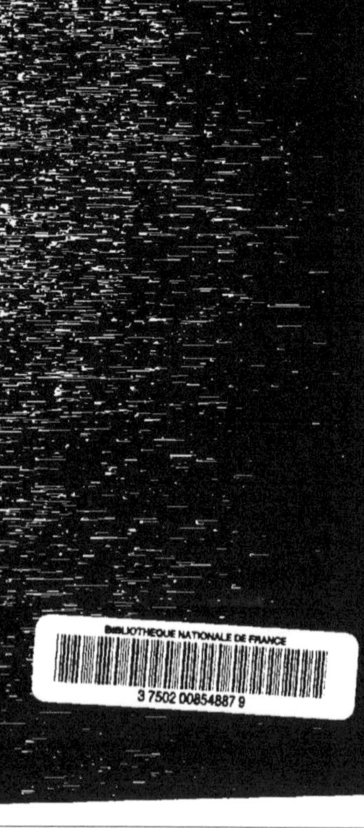